CW01665406

Moyens de transport

JACQUES RÉDA

Moyens de transport

FATA MORGANA

L'écluse

Alors que le train suivait depuis longtemps
le cours de ma tristesse
(non : c'était presque une épouvante – mais
hurler dans ce compartiment ?)
la vision d'un canal avec une écluse en man-
œuvre
m'apaisa.
Ensuite j'aperçus deux péniches et d'autres
signes de vie
au fond de l'opulence accablante où la plaine
s'étalait.
Ainsi devant ces vantaux tournant et cette
cascade,
l'étendue – un instant avant encore dévas-
tée – a repris sens
et, bien qu'il eût aussitôt plongé dans un
virage,
par ce bouillonnement d'eau trouble en moi
j'ai changé de bief.

Signaux

Rien n'attendrit jamais les poteaux hiératiques
Ni leurs signaux obéissants mais qui parfois
Marchent à contretemps ou se trompent. La voix
Des haut-parleurs rôdant au-delà des portiques
Frit dans l'huile du soir un peu trouble. Des toits
Luisent ; dans les faubourgs, les petites boutiques
Allument, loin des feux froids et mathématiques,
Leur lampe d'Aladin qui bouge entre des doigts
Qu'on voit se projeter géants sur la chaussée
Dans des rectangles d'or où de l'ombre tissée
Ondule. Des oiseaux sortent de ces écrins
Et volent dans la nuit comme des gants de soie
Vers des arbres courbés très bas pour qu'on s'assoie
Et regarde passer les lumières des trains.

La camionnette

L’odeur d’un feu de bois infesté de cochonneries diverses
(mais qu’est-ce qui brûle ?) pénètre et puis stagne dans le wagon.
C’est l’année de la sécheresse : la Marne véhicule une mousse verte
qui devant les barrages s’accumule, plus dense que du gazon.
Le long de la voie ferrée deux cyclistes pédalent côte à côte,
suivis d’un long cordon de poussière tel qu’un troupeau de moutons.
On voit aussi des chevaux tout à fait émouvants qui broutent,
le cou délicatement allongé comme par un pinceau.
La terre – plate avec des couloirs et des enclos de verdure
ouvrant entre les saules de vieux confortables salons –

est rose sous le soleil bas luisant à travers une tenture
de brume soyeuse qui l'adoucit mais le laisse parfaitement rond.
En tout cas il descend toujours bien moins vite qu'il ne monte,
comme s'il regrettait tout à coup la terre qu'il éclaire, et
on a beau savoir que c'est elle qui tourne : ça ne compte
pas du tout. Pendant quelque temps le monde reste en arrêt.
Sauf au milieu des champs une minuscule camionnette jaune
qui éclate dans les nuances de pêche trop mûre du soir.
Elle fonce en cahotant parmi des maïs et des chaumes,
vers le zénith, ayant fait le plein de super et d'espoir.

L'autorail

Sous un ciel d'orage imminent de gros
feuillages broutent,
Mélangeant leur vert de bouteille à l'or d'un
vieux vin blanc.
Un peuplier dresse l'oreille au-dessus de la
route
Où bat le portillon de la barrière. Et des
enfants
Apparaissent, muets, affublés de couleurs
stridentes
Dans le jardin de la cahute où prospèrent
des fleurs,
Des scaroles, des haricots, toute sorte de
plantes
Qu'en surgissant du fond du temps au
sommet de la pente
L'autorail vibrant fait trembler au fond de la
chaleur.

Les toits

Quand un brouillard blanc s'épaissit entre
le sol et les ailes,
on pourrait croire qu'on vole à l'envers – oui,
la tête en bas,
et la terre serait cette boule aveuglante qui
cogne au hublot plein de poussière.
Et bien qu'on ait pris un de ces comprimés
qui calment l'imagination et l'estomac,
on éprouve un vertige – non, rien de tout ça
n'est très normal.
Et c'est avec un réconfort troublé de nostalgie
que par les trouées de la brume on observe
au-dessous de soi
ces fils qui sont les chemins de terre et d'eau
de la douce vieille planète
et les étincelles allumées par des fenêtres
sous des toits.

Le vertige

Ah le vertige de l'horizontale dans une plaine
sans fin,
une de ces plaines bien plates où l'on franchit
des rideaux d'arbres,
des averses, des prés, des bois sans épaisseur
et où repassent les boucles d'une rivière peut-
être toujours la même
(on ne sait pas).
C'est un vertige dont l'attirance n'est pas
celle de la chute
mais d'une régulière et continuelle progression.
L'infini court au fil de l'herbe,
on n'arrivera
jamais au but.
Eh bien il n'y en a pas et ce n'est pas non
plus ce qu'on désire
mais avancer ainsi dans la platitude extatique
sous le ciel bombé où s'appuient des échelles
de nuages sans barreaux.

Nord, est, ouest, sud, peu importe, il n'y a plus de points cardinaux.

Rien que le magnétisme diffus mais puissant de l'étendue aspirant dans la bonne direction,

la seule,

pour entrer plus profond à chaque pas dans l'intimité muette de tout.

Bar-le-Duc

Vers onze heures le ciel aminci s'effiloche
et dans une poussière que le vent disperse en tous sens,
la couverture très lâche se défait par pelotes
entre lesquelles commencent à rire les tisseuses du bleu.
On croise alors des peupleraies semblables à des orgues,
des bois lourds comme des meubles qui luisent au soleil.
Lui, comme un dur miroir reflétant la lumière d'un autre astre,
assombrit plutôt ce qu'il éclaire d'azur encore mêlé de gris.
Le regarder en face est possible mais triste :
il a quelque chose d'abstrait et même d'artificiel.
Cependant la clarté qui se répand sur la terre est assez douce

car partout des ombres la caressent pour la tranquilliser.

Il y a quelque chose de solaire quand même au fond de sa distance,

à moins que l'effet ne soit dû aux vitres légèrement teintées d'ambre

du train qui s'arrête à présent sous la colline pommelée de Bar-le-Duc.

Or et noir

Les champs de blé déjà moissonnés resplendissent comme de l'or.

Pas de l'or de poésie mais de l'or liturgique de ciboire

ou de masque funéraire trouvé dans le tombeau d'un roi.

Et d'ailleurs le mot or, aussi usé qu'il soit,

continue à la perfection de dire ce qu'il veut dire.

Il n'y a même qu'en français que l'or soit purement de l'or.

A côté, d'autres champs encore intacts sont également d'or,

mais d'un or gris un peu plus doux le long de bois presque noirs,

presque aussi noirs que "noir" le dit dans notre langue,

ou mettons : des forêts car ces bois paraissent immenses,

immenses les étendues dorées calées dans des
bois noirs.
Et au milieu des étendues passe une seule
petite route
légèrement surélevée, avec des arbres ronds,
et au bord de la route on aperçoit une seule
maison
abandonnée et qui adosse au talus de la route
le plus fort de ses murs dorés percés de
grands trous noirs.
Un instant, un très court instant car le train
va très vite,
un instant on s'arrête en esprit dans cette
maison,
et toujours en esprit pendant un instant on
l'habite,
mais c'est un instant aussi long et profond
que toute une vie :
on se souvient de tout, du noir et de l'or des
saisons,
du jour où l'on est parti parce que des engins
défonçaient la campagne
pour tirer tout droit ce fil d'acier où mainte-
nant glissent les trains.

La fête

Voici un village où les gens ne doivent pas mourir beaucoup
si j'en crois son tout petit cimetière dont les tombes discrètes
s'alignent le long des murs comme, le jour de la fête,
les vieux laissant la place aux jeunes qui veulent danser
et puis organiser peut-être un grand pique-nique nocturne.

J'aimerais bien habiter ce village où l'on ne meurt pas beaucoup,
où quand on est mort on assiste, dans son plus beau costume,
aux réjouissances des vivants qui vont boire de bons coups.

C'est dans un creux bien protégé par des arbres de grand âge

sur un plateau qui fut sans doute le fond
d'un océan.

Tombe ou seuil, toutes les pierres y sont
illustrées de coquillages

et le ciel y repose son ventre bleu de mam-
mifère marin,

comme si le temps ne s'était pas encore mis
en chemin

avec des rivières et des routes de village en
village,

avec des hommes toujours pressés d'arriver
au lendemain

pour la fête.

Les hordes

C'est beau ces wagons identiques rangés dans
les triages,
ces rails parallèles qui se recoupent avec les
aiguillages
basculant soudain les mille tonnes d'une
masse en mouvement.
C'est beau ces grands tas de caisses orange,
bleues, jaunes, vertes
bien alignés au bord des quais d'embar-
quement.
Et ces hangars, et ces portiques, tous les
cinquante mètres,
soutenant les gros câbles où l'on pompe la
force qui fait rouler.

Mais en même temps le moindre signe d'un
reste de sauvagerie
(entre deux routes dans les jardins aux
pavillons masqués,
avec les friches qui envahissent le gravier des
emprises)

fait battre le cœur un peu plus vite, comme
si tous ces lambeaux
de la vieille nature propageaient l'espoir d'une
reconquête.
Puis on file et voici des talus pantelants de
coquelicots,
des grands lacs de blé bleu, carrés, rectan-
gulaires,
le clocher d'un village qui s'élance à genoux
depuis mille ans.

Dieu sait pourquoi je pense alors souvent à
vous, pauvres hordes
qui trimbaliez vos femmes, vos gosses, vos
tentes de cuir puant
du Danube à la Somme par des forêts encore
sans traces,
des landes où rien n'avait poussé que le
genièvre amer
et qui vous arrêtiez d'un coup, saisies d'éton-
nement et d'angoisse,
devant ce vide inexprimable dans l'espace :
la mer.

Les oiseaux

Ces jardins en avril autour des petites villes de province
et qui vont à l'assaut des pentes jusqu'à l'orée d'un bois,
quand le train roule au ralenti le long d'un viaduc mince
comme un cheval à dix pattes qui sautent ensemble, on voit
s'y répandre la vie des jours dans une douce négligence :
des bicyclettes qui n'ont qu'une roue au coin d'un appentis,
une lessiveuse à moitié pleine d'eau rouillée, des tas de planches
posés là pour un poulailler qu'on n'a jamais bâti,
puis divers débris – ciment, brique, plastique ou ferraille
dont le désordre engourdi compose une espèce de rébus.

On y lit le secret de celui qui travaille, bricole
entre ses légumes et ses fleurs après qu'a sonné l'angélus,
ou bien le matin avant de conduire les enfants à l'école.
Tout se maintient sur la pente comme entre les flancs d'un sablier
où du ciel insensiblement s'écoule dans la rivière
qui brille en bas, ou comme au creux du tablier
d'une dame qui regarde passer le train à son heure coutumière
et secoue des miettes sur le seuil au profit des oiseaux.

Moyens de transport
illustré par l'auteur
s'achève d'imprimer le 14 juin 2003
à cinq cents exemplaires sur vergé
par La Charité à Montpellier.